Faites valser vos pensées négatives

7 jours pour chasser vos pensées négatives avec la sophrologie

Faites valser vos pensées négatives

Murielle Machet

© 2022 Murielle Machet

Édition : BoD – Books on Demand, info@bod.fr

Impression : BoD – Books on Demand, In de Tarpen 42, Norderstedt (Allemagne)

Impression à la demande

ISBN : 9 78-2-3224-5168-5

Dépôt légal : décembre 2022

Table des matières

Préambule 2
Reprogrammez votre cerveau 4
Comment la sophrologie peut-elle vous aider ? 7
Quelles sont les croyances limitantes qui vous bloquent ?................. 10
Quand votre corps parle à votre place 24
Comment soulager votre charge mentale ? 31
En chemin vers le lâcher prise 39
Se concentrer sur le positif, une passerelle vers le bien-être ? 49
Oui, il est possible d'entretenir son moral 59
La respiration : la solution à bien des troubles ! 68
Pour aller plus loin 76

Préambule

Lors de mes séances de sophrologie, j'indique à chaque pratiquant que les pensées et les mots qu'ils utilisent vont avoir un impact décisif sur leur évolution et l'atteinte de leurs objectifs. Leur discours intérieur doit être en adéquation avec ce à quoi ils aspirent.

On a tous des fragilités, des failles, sinon, nous sommes d'accord, nous ne serions pas des êtres humains. Or se concentrer sur nos insuffisances ne fait que les augmenter. Car on leur donne ainsi toute la place. Arrêtons la torture interne et pratiquons l'auto-compassion, bien davantage révélatrice de bien-être !

Les mots, l'histoire que l'on se raconte, sont primordiaux. Si on se flagelle sans cesse, si l'on se traite d'incapable, si on se martèle tout au long de la journée que c'est difficile, qu'on ne mérite pas cela, que l'on en veut au voisin, que l'on jalouse son ami, qu'on rumine que l'on a encore des factures à payer, que le prix de l'électricité va encore augmenter, que l'on vit dans la peur, on vit dans le stress en permanence.

Si on s'accroche à toutes ces pensées négatives, notre vie, notre corps, vont refléter notre état émotionnel interne. Les choses sur quoi je me focalise prennent toute la place et se matérialisent. Vous fustigez, vous râlez, vous êtes d'une humeur maussade ? Il y a fort à parier que vos journées seront tout aussi tristes !

Prenons un exemple : une personne part en entretien d'embauche. Elle est consciente qu'elle ne possède pas toutes les compétences requises pour le poste mais elle adopte tout de même une approche positive. Elle aura peut-être des pensées telles que « *Je vais donner le meilleur de moi-même* », « *J'ai d'autres qualités qui sont toute aussi importantes* »… Soyez certains qu'elle aura plus de chance d'être sélectionnée qu'un autre candidat qui se murmure en boucle « *C'est certain, je ne serai jamais embauché(e), comme d'habitude* ».

Lorsque j'ai compris que mes pensées exerçaient une influence sur mon état d'esprit, cela a changé ma vie. Lorsque j'ai compris qu'il était possible de changer ma façon d'interagir avec moi-même et changer positivement mon discours interne, que cela pouvait s'apprendre, j'ai pris conscience que la paix intérieure, le bonheur étaient accessibles.

Vous aspirez à une vie riche de sens, sereine et équilibrée ? Si vous pensez négativement, il vous sera difficile d'y accéder…

Utilisez les outils qui sont décrits dans cet ouvrage pour inverser votre mécanisme de pensées. Vous évoluerez vers plus d'harmonie, de positif et ouvrirez en grand la porte du bien-être.

Toutefois, sans réel engagement, sans persévérance, vous n'obtiendrez aucun résultat. Alors, engagez-vous. Faites un pacte avec vous-même, soyez votre meilleur allié et non votre pire ennemi ! Et vivez le meilleur, allez vers le bonheur !

Vous trouverez dans ce livre les clés qui vous permettront de vous libérer de votre passé, de vos schémas mentaux nocifs, de ce qui vous bloque, vous freine.

Et puisque le changement, c'est maintenant, pourquoi ne pas adopter tout de suite les premières pensées aidantes. Elles pourraient être : « *Je me fais confiance !* »

Reprogrammez votre cerveau

L'imagination est toujours plus forte que la réalité. Ainsi, vous ne pourrez pas raisonner une personne tétanisée à l'idée de monter dans l'avion. Vous n'êtes pas convaincu(e) ? Alors, imaginez croquer dans un citron. Que ressentez-vous en bouche ? Les ressentis sont bien réels n'est-ce pas, pourtant vous n'avez qu'imaginé la scène !

Alors, si vous aspirez à plus de sérénité, de quiétude pour aller vers plus de bonheur, vous devez porter une attention particulière aux pensées qui tournent en boucle dans votre esprit. Car elles auront un impact bien réel sur vous.

Si votre cerveau a la fâcheuse tendance à se focaliser sur le négatif, sachez que cela est tout à fait normal et dans un but louable : vous permettre de tirer des enseignements des situations dangereuses auxquelles vous êtes confronté(e) et favoriser votre survie. C'est pour cette raison que dans des situations compliquées, vous ne pouvez-vous pas vous détourner des ruminations. Mais lorsque vous ressassez, vous nourrissez la difficulté en énergie, donc vous lui donnez encore plus de force, ce sera encore plus difficile de vous en débarrasser et de lâcher prise !

Nos pensées sont à l'origine des émotions qui vont provoquer nos actions. Ces actions sont à l'origine de résultats, qui vont engendrer de nouvelles pensées, puis des émotions... et ainsi de suite. Vous l'aurez compris, si nos pensées sont constructives, positives, nos actions le seront tout autant, et.... Inversement...

Donc, ne laissez pas vos pensées vous dominer ! Nous sommes conditionnés par des schémas de pensées qui nous enchaînent et nous clouent au sol. Nous sommes alors dans l'inaction, au *statu quo*, voire nous éprouvons des émotions de découragement, de déprime. **Enrayez ce cercle vicieux !** La clé pour libérer votre énergie, votre potentiel est dans vos pensées, alors croyez en vous, croyez en votre pouvoir libérateur, et suivez les conseils à venir et surtout appliquez toutes les clés qui vous seront livrées dans ce livre. Elles vous aideront dans votre cheminement vers plus de paix intérieure, de joie de vivre.

Vous trouverez des informations, des pistes de réflexions, des outils de sophrologie, des conseils, des liens vers des enregistrements audio.

Evoluez à votre rythme, le livre s'adaptera à vous, à votre progression et au temps que vous pouvez y accorder. Vous pouvez aborder les sept chapitres de cette formation en une semaine, lire d'une traite ce livre et revenir sur toutes les étapes pour vous familiariser avec les techniques. Vous pouvez également cheminer en prenant votre temps pour réparer, rapiécer, cicatriser ce qui doit l'être. Vous ancrerez ainsi votre évolution et vous aborderez le chapitre suivant que lorsque que le thème abordé dans le chapitre en cours n'est plus un problème pour vous. La formation s'adapte à tous vos besoins !

Le tout est de ne pas tout vouloir résoudre en même temps, vous seriez alors inefficace.

Donc, appropriez-vous les outils que je vais vous livrer, et vraiment, vraiment, mettez-les en place. Tous les jours ! Adoptez des rituels, mettez des alarmes pour vous accorder des moments rien que pour vous.

Instaurer des rituels simples est souvent bien plus efficace et confortable que de se lancer dans de grands changements qui ne durent pas !

Les routines sont ainsi de courts rendez-vous réguliers, des temps pour prendre soin de nous, de nous reconnecter à nos besoins. Elles apportent en douceur et durablement les changements auxquels vous aspirez. Ces moments de connexion avec vous-même vont être le pilier d'une vie riche de sens, de joie, d'enthousiasme.

Personnellement, j'avance tous les jours de la semaine le réveil de dix minutes et je pratique des exercices de respiration, d'étirement et de sophrologie. Cela me permet de débuter la journée plus sereine. Dix minutes, ce n'est rien, pourtant cela change tout !

Comment la sophrologie peut-elle vous aider ?

Le corps et l'esprit sont intimement liés. Notre façon de penser a un impact sur notre corps et réciproquement.

Notre environnement extérieur nous bouscule, nous malmène, nous effraie certaines fois. Or, quand on est en proie aux émotions négatives, il est quasiment impossible d'agir sur nos pensées. Cependant, en revenant à notre souffle, à notre corps, nous reprenons contact avec l'instant présent, nous permettons à notre physiologie de changer. Notre système sympathique (celui de l'action, du stress) s'abaisse et laisse place au système parasympathique (celui du calme). Nous retrouvons ainsi naturellement notre calme et nos pensées seront moins intrusives, moins persistantes.

De ce fait, la sophrologie utilise des techniques de relaxation et d'activation du corps et de l'esprit.

Les outils de sophrologie, le travail en sophrologie se base sur trois types d'outils : la respiration contrôlée, la détente musculaire et la suggestion positive (ou visualisation).

La respiration permet de calmer rapidement le mental et de revenir au moment présent, la détente musculaire fait renouer avec le corps et nos ressentis, enfin, la visualisation remodèle en quelque sorte le cerveau en lui proposant de nouveaux scénarios, de nouvelles connexions cérébrales.

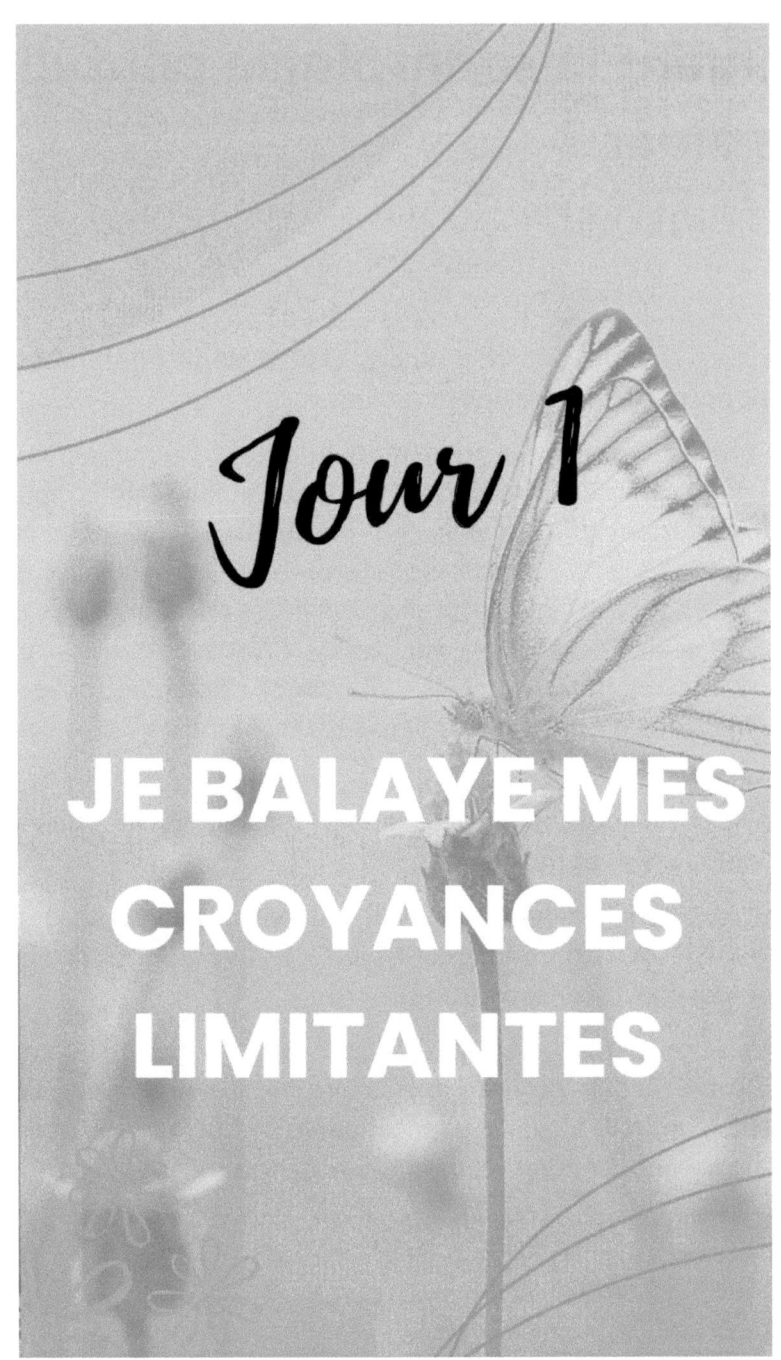

Jour 1

JE BALAYE MES CROYANCES LIMITANTES

Quelles sont les croyances limitantes qui vous bloquent ?

Les croyances limitantes sont toutes les pensées négatives sur soi-même que l'on pense vraies et qui nous empêchent de nous épanouir. Par exemple, ces généralisations comme « *Je suis trop nul(le)* », « *De toute façon, c'est perdu d'avance, je n'y arriverai jamais* », « *Je n'ai pas de la chance* ».

Ces pensées, perdues dans les 60 000 pensées journalières, n'auront pas d'impact, mais répétées, assénées régulièrement, elles vont se cristalliser en conditionnements négatifs.

Tout ce que vous avez vécu dans votre enfance, au sein de votre famille, à l'école, tout ce que vous avez pu entendre ont généré des pensées qui sont devenues les vôtres et qui se sont ajoutées aux émotions que vous avez ressenties à ce moment-là.

Progressivement, vous avez créé des programmes par défaut, un conditionnement négatif que vous croyez être vrai mais qui est en fait une fausse réalité.

Pourquoi c'est important de contrer ses croyances limitantes

Les croyances limitantes sont présentes chez tout le monde, mais elles ne nous impactent pas tous de la même façon. Chez certaines personnes, ces croyances sont si fortes qu'elles sont un frein à la réalisation de ce qui est vraiment important pour soi. **C'est un mal insidieux, car on les façonne inconsciemment depuis si longtemps qu'il est difficile de reprendre le contrôle dessus.** C'est toutefois possible en faisant un vrai travail d'introspection.

Comment les dépasser ?

La première étape : pour venir à bout de ces croyances qui vous empêchent de révéler une partie de vous-même, il faut commencer par identifier les fausses convictions, en comprendre l'origine.

La seconde étape : demandez-vous simplement si vous êtes prêt(e) à lâcher ces croyances.

La dernière étape : vous allez combattre, avec douceur mais fermeté, les fausses croyances afin de vous en débarrasser.

Cahier de pratiques

L'intention de ce livre est de vous guider vers une vie plus épanouie et plus joyeuse. Lorsque j'ai pris moi-même le temps de réfléchir à mes schémas de fonctionnement, j'ai été étonnée des changements profonds que j'ai pu apporter à ma vie. J'ai rapidement mis le doigt sur certaines pensées qui m'étaient nocives et dont je n'avais pas conscience.

La première étape de votre programme est très importante. Je vous invite vivement à utiliser ce livret de bord. Cette introspection va vous permettre de prendre connaissance de vos modes de pensées. **Car on ne peut pas changer ce dont on n'a pas conscience.**

La première étape : quelles sont mes croyances limitantes ?

Prenez 10 minutes et écrivez tout ce qui vous ennuie, vous bloque, vous frustre vous rend malheureux :

Parmi ces situations bloquantes, est-ce qu'il y en a des récurrentes ?

Quelles sont les pensées qui émanent devant cette (ces) situation(s) désagréable(s) ? Est-ce que vous vous jugez ou les autres vous jugent-ils ? Si oui, d'être quoi ?

Est-ce que la personne que je suis aujourd'hui croit encore à cela ?

Décortiquez et dressez la liste de vos croyances

Nous avons tous notre bagage de croyances. Généralement, on peut identifier trois catégories de croyances : **le désespoir** (ça ne changera rien), **l'impuissance** (je ne suis pas capable) et **l'absence de valeur** (je ne mérite pas).

Toutes ces fausses certitudes sont souvent formulées comme des évidences, des généralités catégoriques ou des hypothèses négatives. Pour les débusquer, repérez donc les phrases dans lesquelles vous employez des mots ou des expressions comme :

- ✓ ne… pas ;
- ✓ jamais ;
- ✓ aucun ;
- ✓ trop ;
- ✓ personne ;
- ✓ toujours ;
- ✓ à chaque fois ;
- ✓ tout le monde ;
- ✓ impossible ;
- ✓ si seulement ;
- ✓ mais ;
- ✓ et si…

Notez ainsi toutes vos croyances. Une fois que cette liste est faite. Notez sur 10 à combien vous y croyez à ce jour. Certaines croyances ne reflètent pas nécessairement la vérité, demandez-vous si vous vous pouvez vérifier factuellement si cette croyance est réaliste :

Mes croyances	Note sur 10

Voici un tableau représentant quelques croyances, il vous aidera dans votre réflexion :

Sur la vie	**Divers**
La vie est dure.	Le bonheur n'est pas à portée de main.
La vie est un enfer.	L'herbe est plus verte chez les autres.
L'amour	**Le travail**
Personne ne m'aime.	Il faut travailler beaucoup pour devenir quelqu'un.
Je suis trop timide pour rencontrer quelqu'un.	

L'amour, ce n'est pas fait pour moi. Les personnes dont je tombe amoureux(se) finissent toujours par me laisser. Je ne suis pas digne d'être aimé(e).	Travailler à la sueur de son front. Il faut travailler dur pour y arriver. Le travail, c'est dur et ruine la santé. Sans travail, pas d'identité sociale.
Moi-Même	**La réussite**
Je suis gros(se) /maigre/ moche Je n'y arriverai jamais. C'est toujours à moi que ça arrive. Je ne suis pas digne d'y arriver. Je n'ai pas droit à l'erreur. Je suis trop vieux pour apprendre quoi que ce soit. Pour mériter ce que je veux, je dois souffrir. Je suis comme je suis, c'est trop tard pour changer.	Je ne suis pas assez créatif(ve) pour réussir. Il faut des diplômes pour s'en sortir dans la vie. Je n'ai pas droit à l'erreur. Pour réussir, il faut écraser les autres. Le succès monte à la tête. Réussir, c'est se la raconter, frimer… Je ne suis pas capable de réaliser ce projet.
L'argent	**La santé**
Le temps, c'est de l'argent. L'argent, c'est sale. L'argent, cela ne pousse pas dans les arbres.	Je suis fragile / j'ai des problèmes de santé. Je suis sensible aux changements (de climats, d'alimentation).

Reprogrammez votre mental pour vous construire des schémas de pensées aidantes

La dernière étape pour se débarrasser des croyances limitantes est de reprogrammer son mental et de se reconditionner positivement en remplaçant les idées paralysantes par des pensées aidantes.

Pour cela, trouvez une croyance contraire : demandez-vous par quelle nouvelle pensée vous pouvez remplacer cette croyance.

Dans l'exemple « Je ne suis pas capable », la croyance ressource pourrait être « Je possède en moi toutes les ressources nécessaires pour réussir ma vie/mes projets ».

N'essayez pas de transformer toutes vos croyances en même temps, commencez par celles qui vous sont les plus handicapantes.

Ecrivez votre nouvelle pensée aidante (une pensée à laquelle vous pouvez croire, qui fait sens et qui résonne en vous. Car vous n'allez pas passer de « *Je suis nulle* » à « *Je réussis tout ce que j'entreprends* »). Allez-y progressivement et favorisez une pensée intermédiaire telle que « *Je progresse tous les jours et deviens un peu plus la personne que je veux être* ».

BOITE A OUTILS SOPHRO

Chaque fois qu'une pensée dévalorisante va se manifester, réalisez cette petite visualisation mentale : vous imaginez un panneau « Interdit ». Et vous substituez la pensée nocive par la nouvelle pensée aidante.

Votre cerveau va peu à peu enregistrer ces nouvelles vérités et en faire votre nouveau mode de fonctionnement et de réflexion

Pour vous aider, vous pouvez compter sur la sophrologie. Pratiquez aussi souvent que nécessaire ces deux exercices. En étant persévérant(e), vous allez observer des changements significatifs rapidement.

!

Un exercice pour effacer une croyance limitante :

Vous êtes assis(e), les deux pieds bien ancrés dans le sol, le dos droit et la tête dans son alignement. Vos yeux sont fermés. Avant de pratiquer, effectuez plusieurs amples respirations.

Procédez à trois enchainements :

➢ Levez les bras à l'horizontale, les mains ouvertes en inspirant par le nez, vos yeux sont fermés.

➢ Bloquez votre respiration.

➢ Agitez les mains de gauche à droite et de droite à gauche (comme si vous souhaitiez effacer votre croyance).

Abaissez les mains en expirant fortement, comme pour chasser cette pensée négative loin de vous.

Un exercice pour ancrer une croyance aidante

Enchaînement à faire trois fois

- ➢ Levez les bras à l'horizontale en inspirant par le nez, les yeux fermés.
- ➢ Retenez votre respiration quelques instants. Vous imaginez une bulle devant vous contenant votre nouvelle croyance.
- ➢ Amenez doucement les mains ouvertes vers le thorax en contractant légèrement l'ensemble épaules-bras. Vous imaginez ramener cette bulle.
- ➢ Terminez par les mains touchant le thorax. La croyance va imprégner tout votre corps.
- ➢ Relâchez doucement en soupirant par la bouche.
- ➢ Recommencez deux nouvelles fois.

Pour aller plus loin

Pour vous apaiser, reprenez les commandes de vos pensées en revenant à l'instant présent, mais aussi en vous déchargeant des ruminations et inquiétudes grâce à un exercice d'ancrage.

L'ancrage est la capacité à rester bien présent dans son corps et à s'y sentir en sécurité en toutes circonstances.

L'ancrage va vous permettre de retrouver une sécurité intérieure, de prendre de la distance sur vos inquiétudes, de vous concentrer et retrouver votre calme dans une situation stressante et ainsi vous déconnecter de vos peurs.

Pour vous ancrer, laissez-vous guider par cet enregistrement audio :

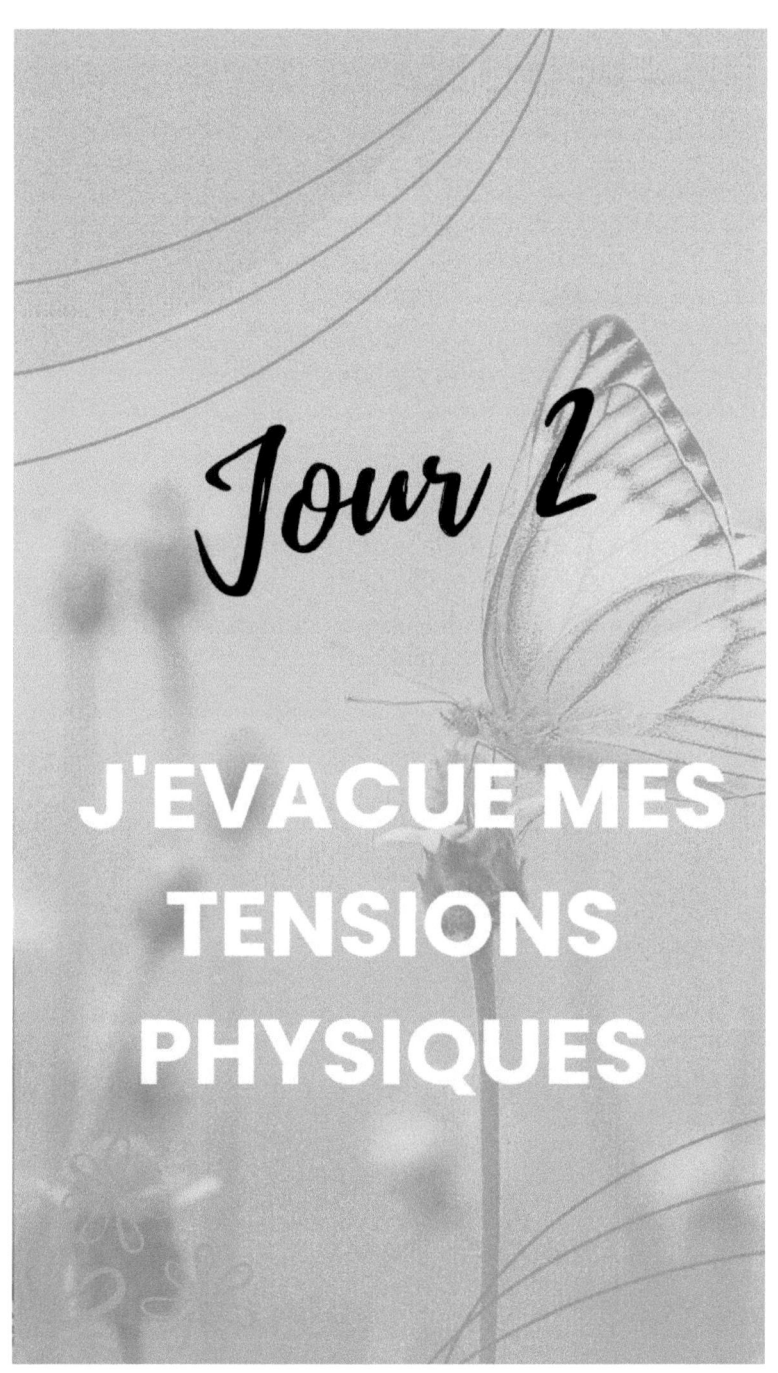

Quand votre corps parle à votre place

Confrontés à un contexte anxiogène, les motifs de peur ou de stress sont variés et malheureusement en expansion. Nous avons peur de l'avenir, peur de perdre notre emploi, la santé, nous stressons pour nos finances. Toute cette émergence d'actualité perturbante est très invasive dans notre quotidien et nocive pour notre mental et notre corps.

Et sans qu'on n'en ait forcément conscience, des tensions musculaires s'accumulent tout au long de la journée et entretiennent la fatigue nerveuse. Relâcher ses tensions corporelles aide à relâcher également le mental ! En apprenant à détendre ses muscles, on entre ainsi plus rapidement dans un état de relaxation.

Nous ne sommes pas égaux face aux périodes de troubles, et la sophrologie peut être une grande alliée pour rompre avec ces boucles de tension et vigilance accrues.

Un exercice simple peut vous aider à relâcher vos tensions musculaires rapidement :

Debout, les yeux fermés, vous inspirez profondément par le nez, vous bloquez votre respiration et vous contractez tous les muscles de votre corps, de la tête, jusqu'aux pieds.

Et vous relâchez en soufflant énergiquement par la bouche. Renouvelez deux autres fois cet exercice.

Les pensées négatives génèrent du stress qui va engendrer des tensions. Elles peuvent se manifester de différentes façons :

- Tensions musculaires : maux de dos, nuque raide, crampes, bruxisme, tics nerveux.
- Oppression thoracique, difficultés respiratoires.
- Troubles digestifs, troubles du sommeil.
- Troubles vasculaires (maux de tête, migraines, palpitations, hypertension artérielle…).
- Problèmes dermatologiques…

Par ailleurs, le stress fait baisser nos défenses immunitaires et provoque une inflammation dans notre organisme. Lorsque nous n'avons pas conscience de notre sentiment de malaise ou lorsque nous ne le verbalisons pas, notre corps parle à notre place.

BOITE A OUTILS SOPHRO

Pour se libérer de certaines tensions qui peuvent être tenaces, persistantes et impacter notre humeur, nos attitudes, je ne connais pas d'outils aussi efficaces que la sophrologie. **Ainsi, en libérant vos tensions physiques, vous allez balayer vos tensions mentales !**

Je vous propose de pratiquer les trois exercices ci-après. Lisez les exercices et vérifiez si le mouvement est bien clair pour vous avant de débuter. Vous aurez au début un petit temps d'adaptation à la pratique et aux exercices, mais leur réalisation sera vite assimilée car ils sont très simples.

Le pompage des épaules (cet exercice va vous permettre de chasser vos tensions)

Vous êtes confortablement installé(e), les deux pieds bien ancrés dans le sol, le dos droit et la tête dans son alignement. Vos yeux sont fermés. Avant de pratiquer, effectuez plusieurs amples respirations.

- ➢ Inspirez profondément par le nez en serrant vos poings et en contractant les muscles des bras.
- ➢ Retenez votre respiration en haussant et abaissant les épaules comme pour pomper. Dans ce mouvement, veillez à ne pas plier vos coudes et gardez bien les muscles des bras contractés.
- ➢ Soufflez fortement par la bouche en laissant retomber les épaules et en ouvrant vos mains.
- ➢ Reprenez une respiration naturelle en relâchant vos épaules, vos bras et vos mains.
- ➢ Prenez un moment pour accueillir les sensations du corps qui se déleste des tensions.
- ➢ Prenez conscience de votre capacité à vous libérer de vos tensions.

Répétez l'exercice trois fois en prenant un temps, entre chaque, pour accueillir les sensations de libération que ce mouvement peut vous apporter

Le Karaté (pour se débarrasser des tensions)

Exercice à réaliser une à trois fois avec le bras droit – une à trois fois avec le bras gauche - et une fois avec les deux bras.

- ➢ En inspirant profondément, levez les deux bras à l'horizontale, la main tendue.
- ➢ Retenez votre respiration quelques instants et ramenez le poing droit à hauteur de l'épaule droite, le coude en arrière.
- ➢ Lancez le poing droit devant vous, en soufflant fortement par la bouche.
- ➢ Relâchez les bras le long du corps, mains ouvertes.
- ➢ Respirez normalement.

ROTATIONS CEREBRALES (retour au calme)

Cet exercice de respiration est à effectuer lorsque vous ressentez des tensions, une sensation de débordement. Il va vous permettre de relâcher la pression, de vous soulager et de retrouver une sensation de calme.

- Inspirez, bloquez la respiration, et faites « non » doucement avec votre tête, non au stress, non aux tensions. Revenez doucement en position initiale en soufflant doucement par la bouche.

- De nouveau, Inspirez, bloquez la respiration, et faites « oui » doucement avec votre tête. Dites "oui" à la sérénité et à un calme intérieur en vous. Revenez doucement en position initiale en soufflant doucement par la bouche.

- Une dernière fois, inspirez, bloquez votre respiration et faites doucement des mouvements de rotation avec votre tête. Imaginez diffuser le calme dans tout votre corps. Revenez doucement en position initiale en soufflant doucement par la bouche.

Si vous avez le temps, et l'envie, vous pouvez, à l'issue de votre pratique, réaliser une sophro relaxation qui va vous permettre de vous apaiser et retrouver un état de calme, voici le lien :

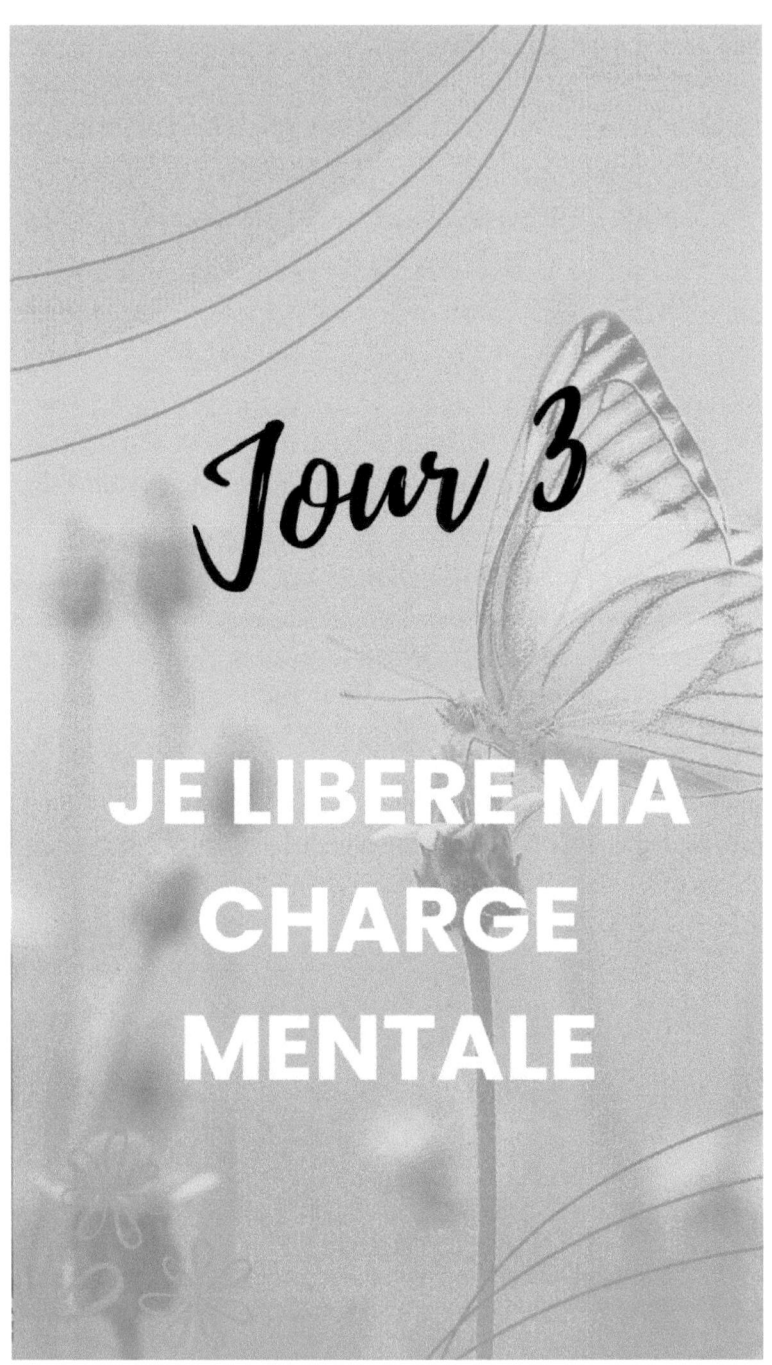

Comment soulager votre charge mentale ?

La journée, en parallèle de nos obligations professionnelles, nous anticipons les tâches à accomplir, les factures à payer, les courses à réaliser, les rendez-vous à planifier. Le soir venu, nous nous plions aux obligations familiales, en alternant devoirs, lessives, préparation des repas, tout cela au rythme d'une préparation à une épreuve olympique.

La multiplication des sollicitations et l'accélération de notre rythme de vie soumettent notre système nerveux à un bombardement de stimuli incessants et nous exposent à une saturation de l'esprit. Car notre cerveau est formaté pour exécuter qu'une tâche à la fois. Sur-sollicité, il sature dès qu'on lui impose davantage. Nous nous sentons ainsi dépassé(e)s, avec une impression de tout faire dans l'urgence, de manquer de temps et ne pas réussir à débrancher... d'être à bout.

Comment détecter les signaux d'alerte d'une charge trop forte ? La charge mentale vient impacter notre quotidien, notre relation aux autres avec des symptômes plus ou moins gênants et des troubles les plus souvent usuels qui ne nous mettent pas forcément en alerte. C'est la persistance des symptômes qui peut faire penser que le problème est peut-être plus profond : troubles du sommeil, d'irritabilité, lassitude, manque d'entrain et de joie de vivre, fatigue, migraine, douleurs au ventre, etc.

Cahier de pratiques

Deux exercices pour désencombrer son esprit

Ce n'est pas tant l'exécution des tâches qui fatigue mais bien la superposition de ces dernières qui alourdissent votre état psychique.

Alors, accordez-vous des moments de déconnexion, écartez les réseaux sociaux après 21 heures et appliquez ces deux conseils pour une détox psychique. Vous retrouverez ainsi apaisement et légèreté.

Prenez votre crayon. C'est un outil qui vous permet de vous libérer la tête en quelques minutes. Pour éviter la pression d'avoir à penser à tout, et la culpabilité d'oublier certaines tâches importantes, désencombrez votre esprit rapidement et simplement en listant sur papier les tâches à accomplir.

Notez absolument tout :

- ✓ Les activités professionnelles ;
- ✓ Les tâches ménagères ;
- ✓ Les choses à penser ;
- ✓ Les rendez-vous ;
- ✓ Les événements….

Videz complètement votre esprit.

Reprenez chaque point de cette liste et :

- ✓ Eliminez les tâches superflues ;
- ✓ Revoyez vos priorités ;
- ✓ **Limitez-vous à ce qui est vraiment important.** Vous pouvez vous poser les questions suivantes : « Que se passerait-il si je ne réalise pas cette tâche ? » ou « Est-ce que dans cinq ans, cela sera toujours aussi important à mes yeux ? »

Je mets ma charge mentale en mode détox ! La juxtaposition de nos rôles professionnels et charges familiales nous laissent peu de répit. Quand nos méninges sont sollicitées au-delà de leurs capacités, nous pouvons finir par craquer ! On booste son capital résistance en s'octroyant tout au long de la journée des micros-pauses. Les pauses sont votre meilleur allié pour recharger vos batteries et libérer votre énergie.

Donc :

- ✓ Méditez ;
- ✓ Respirez ;
- ✓ Ecrivez ;
- ✓ Marchez en pleine conscience…

- ✓ Faites une sieste flash. Voici un exemple :

Peu importe l'activité, mais oxygénez votre corps comme votre mental. Vous trouverez dans la boîte à outils sophro un exercice pour mettre votre mental sur pause !

BOITE A OUTILS SOPHRO

Relâchez la pression et déconnectez en vous octroyant une pause sophro.

Installez-vous debout, les pieds parallèles écartés de la largeur du bassin. Le dos droit, les épaules sont relâchées, les bras le long du corps et les mains ouvertes. La tête est droite et les yeux sont fermés. Commencez par un temps de relaxation et reconnectez-vous à votre corps : concentrez-vous progressivement sur les différentes parties de notre corps dont vous prenez conscience : le visage et la tête, le haut du corps jusqu'au bout des doigts, le thorax et le dos, le ventre et le bas du corps jusqu'aux orteils. Puis réalisez l'exercice qui suit.

Déplacement du négatif

Exercice à réaliser trois fois (prenez bien le temps entre deux enchainements de vous focaliser sur vos ressentis) :

- ➢ Inspirez profondément par le nez en plaçant vos mains derrière la tête.
- ➢ Bloquez votre respiration.
- ➢ Visualisez vos tensions à éliminer et expirez fortement par la bouche en projetant vos bras vers l'avant.

Jour 4

J'APPRENDS LE LACHER PRISE

En chemin vers le lâcher prise

La vie peut être imprévisible. Et nous le savons. Nous ne sommes pas à l'abri de pertes, de tourmentes, de désillusions. Nous sommes hanté(e)s par ce qui pourrait se produire en cas d'imprévu, nous craignons de perdre ce que nous avons acquis. Nous éprouvons ainsi le besoin impérieux de contrôler notre existence, pour nous protéger, pour limiter les risques.

Et nous nous sentons menacé(e)s lorsque nous n'y arrivons pas. Ce besoin de contrôle nous oblige à tout prévoir, tout maîtriser. Nous formulons tous les scénarios, nous anticipons pour traquer tous les écueils possibles. Or, « c'est lorsque que l'on ne s'accroche plus à rien, que l'on s'envole », que l'on peut laisser la place aux bonnes surprises de la vie.

Qu'est-ce que le lâcher prise ?

Lâcher prise, c'est prendre les commandes de l'embarcation, en ayant conscience que nous ne maîtrisons pas la houle.

Lâcher prise est donc avant tout lâcher le contrôle. Le lâcher prise est l'acceptation de ce que nous ne pouvons pas maîtriser. L'acceptation n'est absolument pas une résignation, ni une renonciation de toute action, mais c'est davantage agir tout en n'étant pas attaché(e) au résultat.

Lâcher prise permet de s'ouvrir à l'imprévu et d'abandonner certaines luttes futiles. Lâcher prise permet également de libérer de l'énergie pour amorcer un renouveau, de se connecter à nos ressources, d'ébaucher d'autres possibilités. C'est également accepter que, comme chaque être humain, nous avons des fragilités, des vulnérabilités, et c'est ok !

Quand le besoin de contrôle devient problématique

Le contrôle est à l'origine de bien des souffrances. Le contrôle est anxiogène, car nous savons au fond de nous que nous n'arriverons jamais à tout maîtriser. Il peut être source de frustrations, de colères lorsque tout ne va pas dans notre sens. Il est aussi énergivore, à refuser la réalité et nous battre en vain.

Pourquoi est-ce si difficile de lâcher prise ?

« Trop d'entre nous ne vivent pas leurs rêves car nous vivons nos peurs.»

Les Brown.

Ce qui est difficile dans le lâcher prise est que cela implique une forme de renoncement, il faut ainsi s'affranchir de son besoin de sécurité intérieure... Nous résistons d'ailleurs au lâcher prise car beaucoup de peurs sont à l'origine de notre besoin de contrôle. En effet, nous nous attachons aux biens matériels, aux personnes, aux situations ou objectifs dont nous pensons avoir besoin. Et nous avons peur de les perdre et donc d'en souffrir, nous pouvons même avoir l'impression que sans eux nous ne subsisterions pas.

Comment lâcher prise ?

Nous avons mesuré, lors de ces deux dernières années de pandémie, que nous ne contrôlons absolument rien. Alors que faire ? En définitive, il y a une seule et unique chose sur laquelle nous avons le contrôle et c'est la porte d'entrée du lâcher prise : nos pensées !

Nous pouvons cesser d'essayer de tout contrôler en changeant nos mécanismes de pensée pour prendre du recul, accepter ce qui ne peut être changé, porter un regard différent sur ce qui nous échappe. Et cela sous-entend faire le tri dans nos attentes, nos responsabilités et accepter nos limites.

Cahier de pratiques

Des pistes pour cheminer vers le lâcher prise

Le chemin vers le lâcher prise est de longue haleine et réclame un travail quotidien. Toutes les pratiques physiques et les techniques psychocorporelles comme la sophrologie peuvent faciliter la prise de recul. Et pour vous aider, voici quelques pistes.

Prise de conscience

Tout changement ne peut aboutir sans introspection, sans un regard bienveillant mais lucide sur nos schémas de fonctionnement, sur nos croyances, sur nos peurs.

Le lâcher prise est avant tout une façon de penser qui invite à poser un regard différent sur ce qui ne dépend pas de soi pour cesser de souffrir de ce qui nous échappe, de ce qui nous dépasse. Il existe des situations sur lesquelles il est inutile de lutter... Ici, lâcher prise signifie que vous choisissez de ne plus ruminer sur les choses qui se dérobent à votre contrôle, de ne plus vous y attacher, et de vous recentrer sur celles que vous pouvez maîtriser en ce moment.

Développez votre confiance

L'être humain est ainsi fait, lorsque nous nous sentons menacé(e)s, en danger, nous sommes en garde, dans la défiance et nous sortons notre artillerie de défense qui est le contrôle, la maîtrise. On devient ainsi enchaîné, soumis à notre fonctionnement. Lâcher prise, c'est laisser aller, faire confiance aux autres, faire confiance à la vie. C'est demeurer ouvert pour laisser venir des solutions non prévues.

C'est également apprendre à différencier ce qui dépend de nous et quand notre volonté ne peut rien changer. Cela ne signifie pas que nous allons perdre tout ce que nous essayons tant bien que mal de contrôler. Cela veut juste dire que nous avons suffisamment confiance en nous-même pour savoir en filigrane que nous pouvons faire face.

Réapprenez à vous détendre

Se reconnecter à son corps, vivre l'instant présent permet de prendre de la distance par rapport au mental et de plonger dans un état de détente immédiate. Réapprendre à vous relâcher, à vous détendre va vous permettre de mieux accepter une situation, ce qui vous aidera à la traverser plus aisément.

Vous ressentez un profond malaise car il vous est difficile, voire impossible d'accepter une préoccupation ? Si vous n'arrivez pas à changer ce qui vient de l'extérieur, il vous sera primordial d'accepter ce qui se passe à l'intérieur de vous. D'admettre ce que vous ressentez, ce que vous pensez. En autorisant vos émotions à être présentes, vous les autoriserez à évoluer, changer.

BOITE A OUTILS SOPHRO

Voici un exercice de visualisation pour prendre de la distance avec vos préoccupations. Vous pouvez lire et pratiquer en laissant votre imagination et votre intuition vous guider, vous pouvez également vous enregistrer et vous écouter, ou vous laisser guider par cet audio :

Fermez les yeux et détendez-vous. Respirez lentement. Relâchez tout votre corps, du sommet du crâne jusqu'au bout des pieds. Laissez aller vos idées, vos pensées.

Visualisez à présent votre corps dans son ensemble. Regardez-le en prenant de la hauteur, vous êtes dans une bulle de savon et vous vous élevez dans la pièce. Prenez le temps d'observer votre visage, vos yeux sont clos.

Imaginez la pièce dans laquelle vous vous trouvez, la surface. Prenez le temps de détailler les objets se trouvant dans la pièce.

Représentez-vous la pièce, puis le bâtiment dans son ensemble. Continuez à prendre de la hauteur, à vous élever. Imaginez l'immeuble, sa place dans son quartier, sa place parmi toutes les maisons et immeubles de la ville.

Poursuivez votre voyage, imaginez la région, ses alentours. Poursuivez votre voyage : imaginez la France avec ses côtes, ses frontières. Voyez les pays qui l'entourent, la Suisse, l'Espagne, l'Italie. Représentez-vous les continents, l'Europe, l'Afrique, l'Asie, l'Amérique. Les océans, l'océan Atlantique et la mer Méditerranée, toutes les taches bleues sur notre planète Terre.

Prolongez votre ascension pour admirer la Terre. Contemplez ses nuances de couleurs, le jeu des rayons du soleil sur ses formes rondes, magnifiques. Ses volumes tranquilles, son aspect apaisant.

Portez maintenant attention sur l'immensité de l'univers. Comprenez que votre regard n'a pas de frein, rien ne l'arrête. Contemplez les étoiles, la course des comètes. Admirez les constellations, leurs scintillements, les couleurs fabuleuses qui vous entourent. Savourez la plénitude de cet instant. Imprégnez-vous de cette sérénité. Observez-vous si petit(e) face à l'immensité de l'Univers.

Faisant maintenant partie de ce moment d'éternité et pourtant si minuscule. Réalisez votre place si minuscule, dans cet espace infini. Réalisez le détachement que cela vous inspire, intégrez cette sensation.

Préparez-vous à redescendre, progressivement. Regardez de nouveau la Terre, contemplez sa beauté. Amorcez votre descente, progressivement à bord de votre bulle de savon. Représentez-vous les continents et les océans, prenez votre temps. Appréciez votre voyage. Retrouvez la France, ses côtes, ses frontières. Continuez doucement votre descente. Zoomez sur votre ville, le quartier, poursuivez lentement votre retour. Visualisez le bâtiment dans lequel vous êtes installé(e), entrez dans la pièce, imaginez les objets qui vous entourent. Visualisez de nouveau votre corps, observez son calme, sa plénitude.

Prenez conscience de la sérénité et prise de recul que ce voyage vous a inspiré. Prenez conscience de votre place dans le cosmos, si immense. Intégrez ces sensations de détachement. Intégrez votre position dans l'immensité de l'univers qui fonctionne seul.

A votre rythme, vous prenez le temps de revenir à l'instant présent, bougez un peu vos mains, puis étirez-vous, baillez. Et au meilleur moment, vous pourrez ouvrir les yeux.

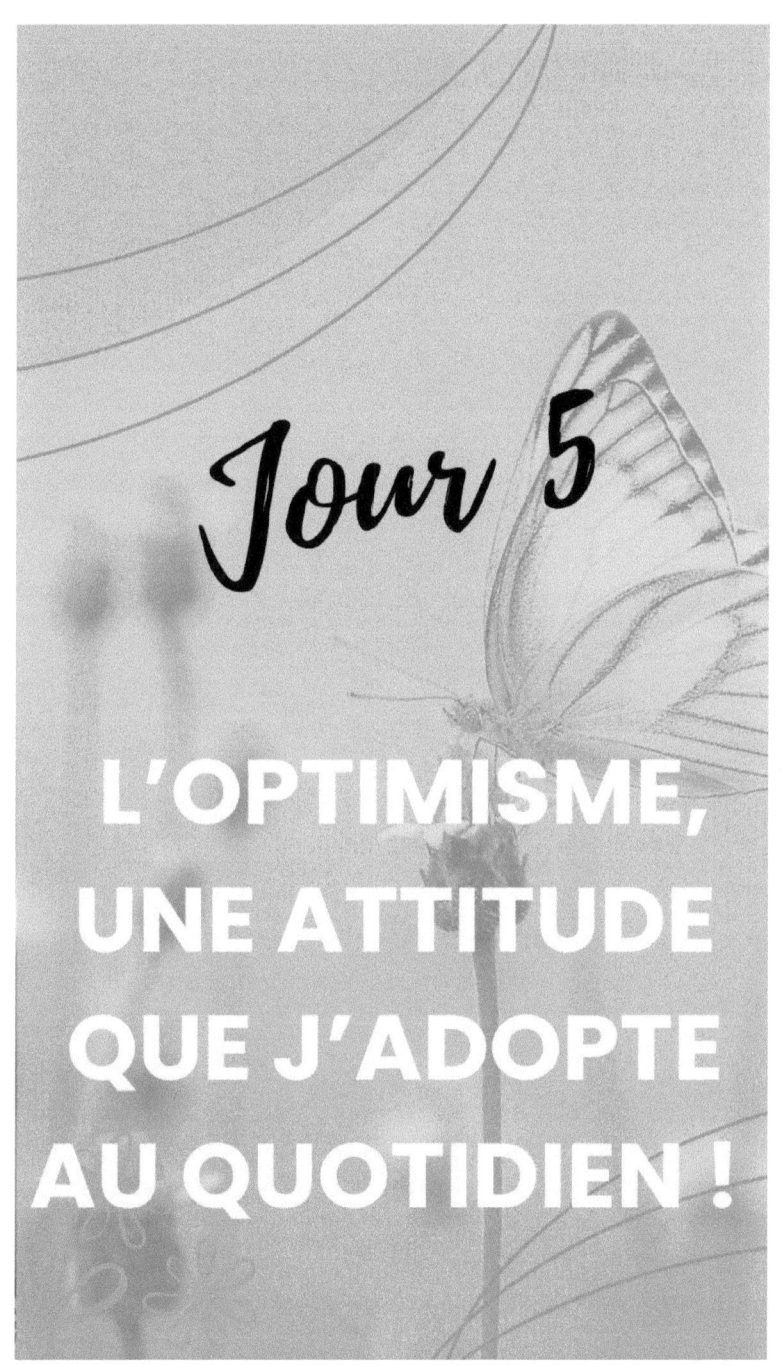

Se concentrer sur le positif, une passerelle vers le bien-être ?

La vie est un ensemble de menus-plaisirs, de joies mais aussi de contraintes, et de tracas. Et ces derniers ont plus aisément tendance à nous accaparer. Nous laissons ainsi des pensées négatives nous envahir, nous ruminons, nous ressassons. Si toutefois, dans les situations difficiles, douter et avoir peur nous rendent plus vigilent et nous écartent du danger, cultiver un état d'esprit optimiste est essentiel pour surmonter les périodes complexes et avancer avec sérénité et enthousiasme.

Notre cerveau a la fâcheuse tendance à se focaliser sur le négatif, ceci dans un but louable : nous permettre de tirer des enseignements des situations dangereuses auxquelles nous sommes confronté(e)s et favoriser notre survie.

« Le pessimiste voit dans chaque opportunité une difficulté. L'optimiste voit dans chaque difficulté une opportunité. »

Winston Churchill

L'optimisme évoque un état d'esprit qui consiste à se montrer résolument positif. Ce n'est pas une façon détournée de nier la réalité, mais une attitude mentale qui favorise la confiance et permet d'envisager un scénario favorable face aux circonstances. En écartant le stress, l'anxiété engendrés par la situation, opter pour une vision positive permet de faire preuve de créativité, de performance, d'adaptabilité en privilégiant des actions constructives.

Être optimiste rend ainsi les expériences du quotidien plus agréables et permet d'aborder la vie avec plus d'entrain, de motivation, ce qui génère de multiples bénéfices sur la santé physique et psychique.

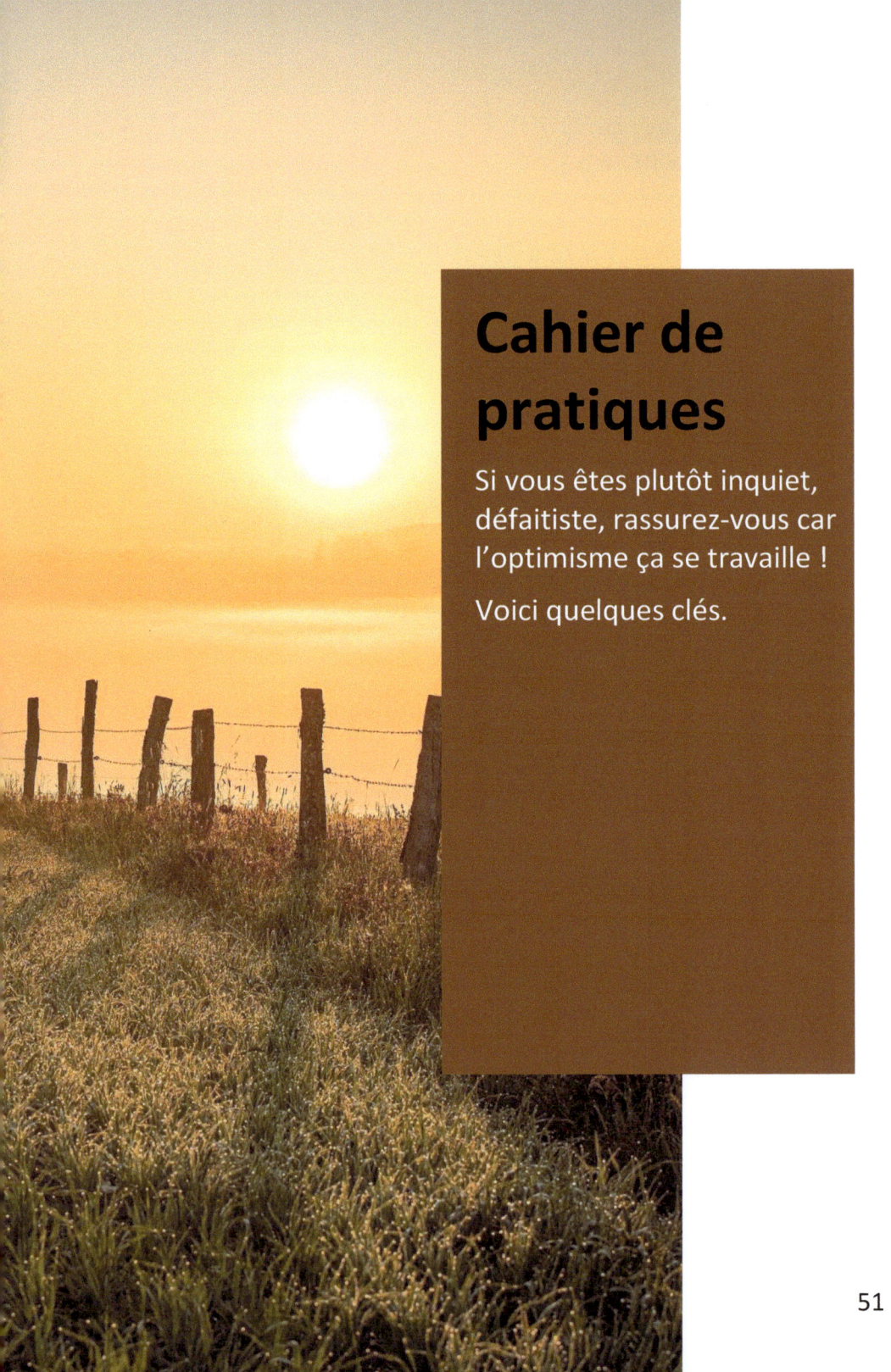

Cahier de pratiques

Si vous êtes plutôt inquiet, défaitiste, rassurez-vous car l'optimisme ça se travaille !

Voici quelques clés.

Focalisez votre attention sur les aspects positifs dès le début de votre journée

Vous avez tendance à concentrer votre attention sur les difficultés à venir, sur les irrémédiables petites corvées et leurs lots d'appréhension et de tensions? Il y a de grandes chances que votre journée soit difficile, conflictuelle, épuisante. Esquivez la mauvaise humeur en célébrant les points positifs ! Pour ce faire, détournez votre attention sur ce qui vous met de bonne humeur, en joie. Il y en a forcément : partager un temps de pause avec des collègues, débuter de nouvelles activités, planifier des objectifs motivants, préparer un bon repas...

La qualité de votre réveil va déterminer la qualité de votre journée

Rien de tel pour positiver et garder un bon état d'esprit que de s'accorder du temps pour s'éveiller en douceur. Vous pouvez effectuer quelques respirations dynamisantes, réaliser un réveil musculaire avec des étirements, des grands bâillements, un peu de gym douce. Ou encore, réaliser cinq minutes de cohérence cardiaque ou de méditation. Vous pouvez bien évidemment cumuler tous ces petits trésors de bien-être...

Restez actif avec une activité physique régulière

Pour chasser la déprime, rester relaxé(e) et lâchez prise, la meilleure des options est le sport. Lorsque vous pratiquez une activité physique, vous sécrétez des hormones comme l'endorphine (l'hormone du plaisir), la dopamine (l'hormone de la motivation). L'activité sportive vous permet également d'évacuer le stress et d'élimer vos tensions.

Déconnectez

Votre écoute va alors être en pleine disponibilité. Vous serez plus efficace, plus performant(e). Plus je fais des pauses, plus je suis productif!

De plus, évitez de regarder en boucle les informations, tout comme les facteurs qui vous causent du stress. Cela favorise un climat anxiogène. Faites attention au flot d'informations qui vous arrive et apprenez à vous en détacher (en pratiquant par exemple l'exercice sophro ci-après).

Faites des projets... Programmez par exemple vos prochaines vacances !

Anticiper des périodes de repos, d'escapade est bénéfique pour le moral. En effet, la perspective d'une prochaine évasion, ne serait-ce que pour un week-end, ou une journée, vous réconfortera et vous donnera du baume au cœur.

Prenez du temps pour vos activités personnelles, faites-vous plaisir !

Accordez-vous un moment qui vous fait plaisir, en dehors de la famille et du sport. Un plaisir par jour éloigne le stress, récompense par un apaisement, un détachement ! Prendre soin de soi, se faire plaisir sont un entraînement, plus on les pratique, plus on sent la joie de vivre nous envahir. Plaisir de manger, de rire, d'écouter de la musique, de lire, etc.

Le SAS de fin de journée

Les petites mémoires qui nous libèrent : notre cerveau retient essentiellement ce qui nous a ennuyé, perturbé dans la journée. Or, nous avons tous eu des petits moments de bonheur simple (le sourire d'un collègue, un repas succulent…). Retrouvez tous les petits plaisirs de la journée en les associant à des ressentis corporels afin de les mettre en mémoire et de développer votre bibliothèque d'images positives.

Si vous appliquez ce rituel tous les jours, vous serez à l'affût lors de vos journées de ces petits moments de plaisir et cela va changer la configuration de vos journées.

Retrouvez un bon rythme de sommeil

Les dettes de sommeil vont avoir un impact significatif sur vos journées. Vous dormez mal ? Les règles d'or d'un sommeil récupérateur sont :

- ✓ Le bon environnement (matelas adapté, chambre aérée, au calme, sans lumière du jour).
- ✓ Le bon rituel (je ralentis, je m'éloigne du stress, des écrans).
- ✓ Comment je me nourris (je mange léger le soir et j'évite les aliments gras, l'alcool, le café).

BOITE A OUTILS SOPHRO

Je vous propose deux exercices pour vous remplir de positif et renouer avec la joie de vivre et l'enthousiasme.

<u>Commencez votre journée en vous remplissant de positif.</u>
Debout, le dos droit, les yeux fermés, posez les mains sur vos côtes. Gonflez la poitrine en inspirant profondément par le nez. Imaginez inspirer la vitalité en vous et soufflez doucement par la bouche pour la diffuser dans tout votre corps. Répétez cet enchainement trois fois.

Le soir, dans votre lit, visualisez les moments positifs et agréables de votre journée.

Percevez vos ressentis physiques et mentaux.

Laissez ce positif s'inscrire dans votre corps en soufflant doucement par la bouche.

Oui, il est possible d'entretenir son moral

On a parfois le sentiment que le sort s'acharne. Mais est-il possible de garder le moral quand on affronte des tempêtes successives qui nous laissent sans force ? Pourquoi certaines personnes avancent la tête haute contre vents et marées avec un lâcher prise déconcertant, et d'autres coulent littéralement sous la pression et les angoisses ?

Car, OUI, il est possible d'entretenir son moral, de le maintenir à flot ! Mais travailler son moral, c'est du boulot ! Un travail patient, fait d'exercices maintes fois répétés ! Mais qui, comme des ricochets, finissent par booster notre potentiel bien-être ! **Alors, semez dès aujourd'hui les graines qui vous mèneront à plus d'entrain, de bien-être et de satisfaction ! Et même si le chemin sera abrupt, il vous transformera !**

Cahier de pratiques

Vous avez du mal à voir le verre à moitié plein ?

Cultivez votre joie de vivre en suivant ces quelques conseils pour ne pas laisser les idées sombres vous envahir :

Mangez équilibré. Quand notre moral est au plus bas, nous avons tendance à nous réfugier dans une alimentation confort, riche en gras et en sucre. Si le chocolat ou les biscuits peuvent avoir un effet apaisant sur le court terme, ils sont délétères sur le long terme et vont renforcer notre fatigue, nos changements d'humeur, notre irritabilité. On boit donc suffisamment (de l'eau bien sûr) et on équilibre son assiette. Car bien manger, c'est le début du bonheur ! Il a en effet été prouvé qu'un régime plus sain peut avoir un impact sur notre santé mentale et donc stimuler notre bonne humeur !

Prenez soin de vous. Lorsque notre moral frise le gel arctique, nous avons tendance à nous laisser aller, car l'énergie n'est pas au rendez-vous. Mais trainer en jogging toute la journée en passant du canapé au frigo ne va certainement pas améliorer notre humeur ! Alors, on se force, on s'habille, on appelle un ami, on lit un livre, bref, on s'adonne à des plaisirs simples qui vont rebooster notre confiance et donc notre humeur.

Respectez votre corps. Ces préconisations vous ont déjà été données, mais sont tellement importantes alors j'insiste. C'est pour votre bien :)

- ✓ **Favorisez un sommeil de qualité.** Lorsque nous avons bien dormi, nous sommes davantage en mesure de gérer notre stress et avons plus d'énergie. On évite les écrans et les activités trop stimulantes avant de se coucher. Et l'on met en place le soir un rituel pour favoriser notre endormissement : on mange léger, on se relaxe avant de se coucher (on lit un livre par exemple), on aère sa chambre et l'on garde une certaine régularité pour l'heure du coucher. Trouvez votre propre routine. Vous trouverez dans les annexes de ce livre des conseils pour mettre en place des bonnes routines afin d'améliorer la qualité de vos nuits.

- ✓ **On pratique une activité physique,** pourvoyeuse de bien-être. Le sport est l'activité anti-stress par excellence. En libérant des endorphines, le sport fait considérablement diminuer le stress.

Pratiquez la cohérence cardiaque

La cohérence cardiaque est une technique de respiration volontaire qui va avoir un impact sur la variabilité de la fréquence cardiaque permettant ainsi de coordonner l'activité des systèmes nerveux sympathique et parasympathique. Elle permet de gérer le stress, l'anxiété et le débordement de ses émotions améliorant de surcroît la concentration.

On la surnomme aussi la méthode des 365 car elle se pratique 3 fois par jour, à raison de 6 respirations par minute, pendant 5 minutes. Il suffit d'inspirer sur cinq secondes et expirer sur cinq secondes (en comptant lentement jusqu'à cinq) pendant cinq minutes.

Si vous préférez être guidé(e), il y a de nombreuses vidéos accessibles sur internet.

BOITE A OUTILS SOPHRO

Mettez en place ces exercices de sophrologie que vous pouvez adopter dès maintenant pour chasser les ruminations et garder le moral !

Voici un exercice de respiration pour évacuer la pression :

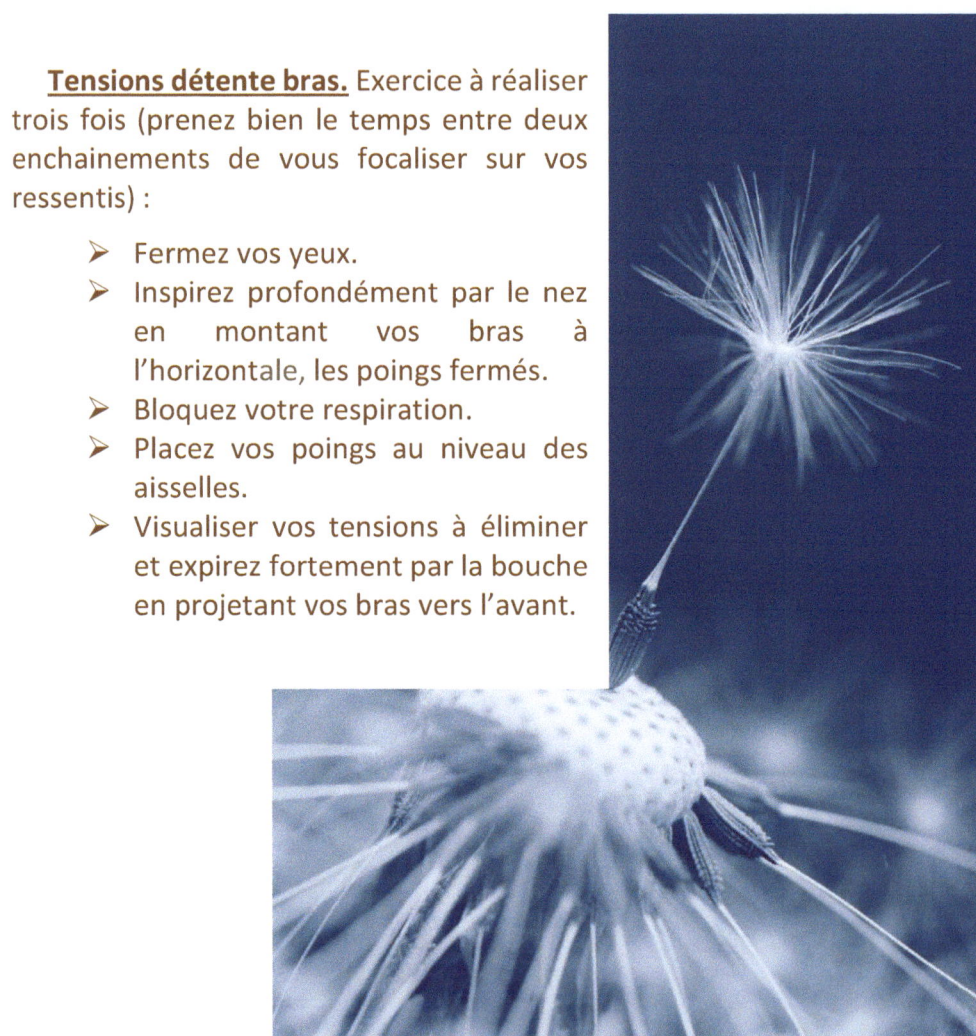

Tensions détente bras. Exercice à réaliser trois fois (prenez bien le temps entre deux enchainements de vous focaliser sur vos ressentis) :

- ➢ Fermez vos yeux.
- ➢ Inspirez profondément par le nez en montant vos bras à l'horizontale, les poings fermés.
- ➢ Bloquez votre respiration.
- ➢ Placez vos poings au niveau des aisselles.
- ➢ Visualiser vos tensions à éliminer et expirez fortement par la bouche en projetant vos bras vers l'avant.

Voici un autre exercice pour vous protéger du négatif

<u>**La bulle.**</u> Exercice à réaliser trois fois (prenez bien le temps entre deux enchainements de vous focaliser sur vos ressentis) :

- ➢ Fermez vos yeux.
- ➢ Inspirez profondément par le nez en plaçant vos bras au-dessus de votre tête.
- ➢ Bloquez votre respiration.
- ➢ Descendez doucement vos mains, les paumes face au mur, en soufflant par la bouche.

Jour 7

J'APPRENDS A MIEUX RESPIRER

La respiration : la solution à bien des troubles !

Si de façon récurrente vous êtes stressé(e), fatigué(e) ou encore sur les nerfs, une chose est presque sûre : vous respirez mal !

Savez-vous respirer ? Une question élémentaire me direz-vous, tout le monde sait respirer ! Eh bien, détrompez-vous ! Bien que vitale, la respiration est une fonction souvent négligée de nos jours.

D'ailleurs, des études menées en thalassothérapie auprès de plus de 500 personnes démontrent que 90 % du public a une activité respiratoire atrophiée. Nous sommes donc quasiment tout bloqués dans notre capacité pulmonaire.

Mais, je vous rassure, rien d'irréversible. Vous pouvez progressivement, et à votre rythme, adapter une respiration complète, ample et plus profonde, vectrice de mieux être sur le plan physique et mental.

Tout d'abord, pourquoi c'est important

Nous effectuons mécaniquement environ 23 000 respirations par jour et notre cerveau à lui seul consomme 35 % de l'oxygène inhalée !

La respiration, c'est la vie !

La respiration, c'est l'oxygénation du sang qui véhicule la vitalité dans toutes les cellules de l'organisme : le cerveau, le système nerveux, le système musculaire, les fonctions digestives, les sens…

La respiration, c'est aussi l'élimination des déchets de l'organisme sous forme de gaz carbonique.

Aujourd'hui, nous devons être doublement attentifs à notre respiration :

- ✓ XXIe siècle oblige, nous sommes soumis en permanence à la pollution et substances allergènes.
- ✓ Nous sommes la plupart du temps en position assise, limitant les efforts physiques (qui favorisent l'apport en oxygène).
- ✓ Nous menons des vies stressantes, conduisant à une respiration réduite ou superficielle et vectrice de fatigue, surmenage…

Une respiration simple et haute change un demi-litre d'air vicié, alors qu'une respiration profonde et complète, mais non forcée, renouvelle deux litres d'air en moyenne.

La respiration, si naturelle peut parfois devenir un problème

Lorsqu'on respire mal, l'organisme présente les signes d'un état d'alerte : la fréquence cardiaque et la tension montent, la digestion se ralentit. Avec de multiples conséquences qui vont altérer votre état physique et mental (constipation, céphalées, fatigue, problème de concentration, etc.).

Par ailleurs, des mauvaises habitudes respiratoires peuvent littéralement vous rendre vulnérable au stress !

Inversement, si vous ne fumez pas et n'avez pas de pathologie et avez quand même l'impression de mal respirer, d'étouffer, vous êtes certainement en proie au stress !

Il est donc essentiel d'être à l'écoute de ces signes pour remédier à cette problématique. D'ailleurs, comment respirez-vous maintenant ? Etes-vous en train de retenir votre respiration ?

Quels sont les bienfaits d'une bonne respiration ?

La respiration complète permet à elle seule d'assurer un meilleur brassage d'air dans vos poumons, avec un minimum d'énergie. Lorsqu'elle est ample et profonde, elle nous met en état de cohérence cardiaque, gage d'un abaissement du niveau du stress. Les chercheurs ont en effet mis en évidence le lien qui existe entre la respiration et le sentiment de calme qu'elle procure (étude intitulée « *breathing control center neurons that promate aroursal in mice* » parue dans le Revue *Science*).

Par ailleurs, la respiration profonde permet un auto-massage des organes et des tissus, ce qui favorise la digestion, la stimulation de la circulation sanguine et par là même cérébrale, et la remise en condition générale, avec comme bienfaits :

- la diminution considérable du stress et des angoisses ;

- une sensation de bien-être et de sérénité ;

- un état de vigilance, de vitalité et d'énergie accrue.

Comment bien vous oxygéner ?

D'abord, il faut comprendre que nous distinguons trois respirations.

La respiration haute

C'est la respiration haute que l'on va privilégier lorsque l'on est stressé(e), essoufflé(e) ou en difficulté respiratoire (ou que l'on respire par la bouche). Cette respiration claviculaire est moins efficace et plus fatigante car elle consomme plus d'énergie et en cas de stress, on est affecté(e) par ce blocage du diaphragme. La quantité d'air entrant dans les poumons est trop faible, elle ne permet pas une détente nerveuse, fatigue le cœur et réduit les échanges gazeux.

La respiration moyenne

Lors d'un effort, nous rajoutons à la respiration haute, la respiration moyenne. Ainsi, nous parvenons à augmenter la quantité d'air et la quantité. Ce type de respiration fait travailler uniquement la partie supérieure du thorax et néglige l'abdomen. Cette respiration s'effectue le plus souvent pour exprimer des émotions comme la joie, la tristesse, la surprise ou encore la colère. Elle est toutefois importante, car elle stimule les fonctions vitales du corps.

La respiration basse

Il s'agit de la respiration normale, naturelle. C'est hélas la plus ignorée et la moins pratiquée. Cette respiration mobilise le diaphragme. C'est une respiration anti-stress par excellence. Elle vous met dans de meilleures dispositions pour gérer les tensions, les émotions fortes et les angoisses. Une respiration diaphragmatique fera jouer le diaphragme qui fait sortir et rentrer l'abdomen avec le va-et-vient du souffle jusqu'au fond des poumons. Cette respiration permet de limiter mécaniquement la diffusion des hormones du stress comme l'adrénaline et le cortisol. La tension du corps se relâche un peu plus à chaque expiration.

Toutes les façons de respirer sont utiles et nécessaires selon nos activités de la journée. La respiration moyenne vous permet de vous charger en énergie, tandis que la basse fait baisser votre niveau de stress.

Ne sous-estimez pas le pouvoir d'une bonne respiration, du fait que cela paraisse si simple. Elle est extrêmement efficace.

BOITE A OUTILS SOPHRO

Pour gérer le stress, la sophrologie utilise depuis toujours la respiration contrôlée et profonde. Elle permet de calmer le corps et le mental. Par conséquent, vous calmez vos émotions et toutes les réactions physiologiques liées.

Comment mettre en place cette respiration profonde ?

D'abord ne vous mettez pas de pression, vous allez y accéder progressivement, et à votre rythme. Mais vous ressentirez très rapidement les effets positifs de l'exercice que je vais vous proposer.

Les poumons sont comme un récipient. Pour pouvoir bien les remplir, il faut d'abord bien les vider. Il faut donc d'abord bien expirer avant de bien inspirer.

Asseyez-vous, les pieds ramenés sous la chaise, les mains sont ramenées l'une sous l'autre sur votre bas ventre. Fermez les yeux, desserrez la mâchoire, relâchez les épaules et concentrez-vous sur votre souffle. Ayez conscience de votre respiration habituelle. Que fait votre ventre ? Et puis, lorsque vous êtes prêt(e), vous appuyez avec vos deux mains sur votre ventre tout en expirant. Lorsque vous serez à bout de souffle, automatiquement, votre ventre se gonflera en même temps que vous inspirerez.

Je vous invite à réaliser deux autres fois cette respiration profonde en prenant bien le soin de récupérer entre deux et en appréciant les sensations qui émergent.

Annexes : pour aller plus loin

Trois aliments anti-blues

BIEN DANS VOTRE ASSIETTE, BIEN DANS VOTRE TETE !

Les liens entre alimentation et santé ne sont plus à démontrer. Mais saviez-vous que notre assiette pouvait également faire partie intégrante du fonctionnement de notre chimie cérébrale ?

Ce que nous mangeons influence donc notre humeur !

D'ailleurs, vous ne verrez plus jamais votre voisin ronchon et mal léché de la même façon lorsque vous aurez lu ceci : des études ont démontré que les personnes souffrant de déprimes se réfugient souvent vers les « mauvais aliments » (chips, charcuterie, plats **préparés**, etc.). Vous pourrez maintenant envoyer dans « les choux » ce cher insolant en toute bienfaisance :).

En effectuant des changements de comportements alimentaires, nous pouvons influencer notre façon de penser, de se sentir, obtenir un équilibre émotionnel stable, on arrive à se remotiver et à atteindre un bien être général. Cela vaut le coup de regarder notre assiette de plus près, n'est pas ?

Quels sont ces aliments « bonheur » ?

Les aliments à intégrer et à privilégier pour augmenter son capital « bonne humeur » sont des aliments riches en Oméga-3, en vitamines B9, B12, B6 et en tryptophane.

Le tryptophane est un acide aminé qui va permettre la synthèse de la sérotonine. La sérotonine est un neurotransmetteur qui joue un rôle primordial dans l'humeur, c'est en quelque sorte « l'hormone du bonheur ». Elle ne se trouve pas dans l'alimentation. En revanche, certains aliments contiennent des grandes quantités de tryptophane (on trouve ce dernier dans **les produits laitiers, les noix de cajou**, la moutarde, les graines de courges ou encore les graines de lin, etc.).

Il faudra également veiller à un bon apport en vitamine D car une carence peut favoriser un état dépressif…

Concrètement, il est recommandé une alimentation brute et naturelle, contenant le moins de produits transformés possible !

Voici donc trois exemples « d'aliments joyeux » la liste n'étant pas exhaustive, je vous présente mes préférés.

1. LA BANANE

La banane contient du tryptophane, ainsi que des vitamines A, B6 et C, des fibres, du fer et des hydrates de carbone qui aident le cerveau à absorber le tryptophane (et la vitamine B6 à le convertir en sérotonine). Elle est également une excellente source de **magnésium anti-fatigue** et de potassium, reconnu pour ses effets diurétiques.

2. LE CHOCOLAT NOIR

C'est bien connu, le chocolat fait disparaître les petits coups de déprime. Encore faut-il se délecter du chocolat noir à plus de 70 **% de cacao** (contre toute attente, les autres chocolats n'auront d'incidence que sur la balance !). En agissant sur les bonnes bactéries dans l'estomac, ses composantes modifient le métabolisme des hormones du stress et réduisent l'angoisse !

Le chocolat contient également de la caféine et de la théobromine. Ces deux substances sont des stimulants bien connus.

3. LE SAUMON SAUVAGE

Il est source de protéines, riche en vitamine B12 qui réduit le sentiment de dépression, en oméga 3 qui aide à optimiser la fonction cérébrale et la production de neurotransmetteurs, et en tryptophane, qui vous l'aurez compris, stimule la production de sérotonine.

<u>Six règles pour retrouver le sommeil</u>

    Quoi de meilleur que de se blottir dans son lit et sombrer lentement vers un doux et profond sommeil réparateur ! Si comme moi, vous vous métamorphosez en une bête féroce après une mauvaise nuit, prenez note de ces quelques conseils !

    Je ne le dirai jamais assez : il est indispensable de bien dormir. On peut établir un programme en béton pour améliorer son humeur, ses émotions, si on a mal dormi, on ne sera pas en mesure de le respecter ! De mauvaise humeur, trop fatigué(e) pour faire du sport, trop tenté(e) par des barres chocolatées qui vont alimenter l'humeur chagrine.

    Ainsi, lorsque nous dormons, notre corps se répare, se régénère, emmagasine de l'énergie pour le lendemain. Notre cerveau en profite pour traiter, préparer, organiser les souvenirs et éliminer les toxines.

Les bienfaits du sommeil sont multiples :

- ✓ Il permet de renforcer sa concentration et permet un meilleur rendement de ses fonctions cognitives.
- ✓ Il renforce nos défenses immunitaires.
- ✓ Il prévient la prise de poids.
- ✓ Il augmente notre bonne humeur, notre facilité d'entrée en relation avec les autres.
- ✓ Il permet une meilleure performance sportive.
- ✓ Il permet d'augmenter notre seuil de douleur.
- ✓ Il augmente notre mémoire, notre concentration et permet d'être plus efficace au travail.

Et bien sûr, les effets inverses sont ressentis lors de nuits perturbées ! A longues échéances, la quantité réduite de sommeil profond dégrade notre humeur, notre dynamisme et augmente même le risque de maladies comme le diabète de type 2 ou l'obésité !

Prêt(e) pour vous lever du bon pied et vivre pleinement vos journées ?

Voici le Kit du bon dormeur

Le sport :

Si vous n'avez pas encore intégré de pratique sportive à votre routine quotidienne, c'est le moment ! Bouger, se dépenser physiquement dans la journée permet une fatigue physique et vous libère de l'anxiété qui paralyse le sommeil. Le sport a donc un rôle majeur car il a un effet positif sur le sommeil et augmente sa qualité. Mais évitez le sport après 17 heures (une activité physique intense réalisée trop près du coucher risque de trop augmenter la température interne, ce qui peut retarder l'endormissement) !

Eteindre les smartphones, ordinateurs et tablettes !

Et au moins une heure avant l'endormissement. Le soir, pour nous endormir, nous avons besoin de calme et de détente pour « oublier » ce qui nous préoccupe au cours de la journée. L'ordinateur et les activités sur Internet sont au contraire très stimulantes : recherche sur la toile, contacts avec des amis, jeux, etc. Par ailleurs, la lumière bleue diffusée par les écrans va réduire la mélatonine, hormone sécrétée dans l'obscurité et qui favorise l'endormissement.

Mangez léger !

Evitez les repas trop copieux et trop riches en graisses. Une évidence, direz-vous ! Mais êtes-vous certain d'en tenir compte ? Se coucher avec l'estomac encore plein peut favoriser les reflux acides. L'alcool est aussi un faux ami du sommeil : il favorise l'endormissement mais il perturbe le sommeil de la deuxième partie de la nuit et aggrave le ronflement… Quant à la consommation de café, de thé ou de sodas à la caféine est aussi déconseillée dans l'après-midi, ces boissons peuvent contribuer à l'excitation et à la nervosité.

Exercice de relaxation, détente, méditation !

Au moment de s'endormir resurgissent souvent les préoccupations que les activités journalières avaient permis de mettre à distance. C'est aussi le moment où les émotions et les tensions accumulées dans la journée s'expriment et où les pensées inquiètes, anticipant le lendemain, entrent en scène. Le manège infernal des « ruminations » se met alors en marche et l'endormissement se fait attendre…

Créez un environnement calme et apaisant

Un environnement où il fait bon dormir : pièce aérée chaque jour, si possible bien isolée, draps propres, calme, température autour de 18-20 °C maxi. Vérifiez votre literie et changez régulièrement d'oreillers. Vous pouvez diffuser une musique apaisante, des huiles essentielles propices à la relaxation

J'adopte le bon rythme

Essayez de vous coucher à la même heure chaque jour, de façon à aider votre cerveau à savoir quand il doit produire les hormones sédatives. A adopter également, des **petits rituels** pour se préparer à dormir. En répétant ces mêmes gestes (tisane, lait tiède, lecture, relaxation, écoute musique), vous vous conditionnez au sommeil et cela permet de raccourcir la durée d'endormissement.